Mehr über Claudia Schauflinger und ihr Kinderhausmittel-Projekt unter
www.kinderhausmittel.com

G&G
Gut für Ihr Kind
Gut für die Umwelt
Farben auf Pflanzenölbasis
Lösungsmittelfreie Klebstoffe
Gedruckt auf FSC-Papier
Hergestellt in Europa

ISBN 978-3-7074-2443-0
1. Auflage 2023

Text: Claudia Schauflinger
Illustration: Polli Pollender

Gesamtherstellung: Finidr, s.r.o.

In der aktuell gültigen Rechtschreibung

© 2023 G&G Verlagsgesellschaft mbH, Wien
Alle Rechte vorbehalten. Jede Art der Vervielfältigung,
auch auszugsweise, gesetzlich verboten.
www.ggverlag.at

Claudia Schauflinger

Toni und der Bärenschnupfen

Eine Reise durch die Welt der tierisch guten Hausmittel

Bilder von
Polli Pollender

„Ich kann nicht einschlafen!"

„Warum denn nicht?", fragt Papa geduldig, obwohl Toni schon zum siebten Mal in die Küche kommt.

„Bär schnarcht so laut. Als würde ein Riese dicke Bretter sägen. Mit einer Riesen-Motorsäge. Wir sollten uns lieber die Ohren zuhalten!"

Papa hört zu und nickt: „Mit einer Schnupfennase einschlafen ist nicht leicht."

Bär schnarcht entsetzlich, ist schlecht gelaunt und will immer an Toni angekuschelt sein. Wenn er Schnupfen hat, will er auch nicht spielen. Normalerweise ist Bär ein lustiger Kerl und für jeden Spaß zu haben. Doch mit verstopfter, dicker Bärennase geht das nicht. Es ist Zeit, dem Freund zu helfen.

„Dann wollen wir mal sehen, was wir gegen den Bärenschnupfen machen können. Weißt du noch, was wir gegen deinen Schnupfen gemacht haben?"

„Ein Zwiebelsäckchen! Wir brauchen Zwiebeln für Bär!"

„Genau das wollte ich vorschlagen", meint Mama, die nun auch in die Küche kommt. „Zwiebelduft ist ein toller Helfer. Der feste Schnupfen wird weicher, die Nase frei und Bär kann besser atmen. Möchtest du mir beim Vorbereiten helfen?"

Toni holt das Säckchen aus dem Badezimmer. Mama schneidet Zwiebel in kleine Stückchen und gemeinsam befüllen sie den Beutel.

Im Kinderzimmer schnuppert der Schnupfenbär vorsichtig an dem Beutel: „Das riecht aber komisch!" Er rümpft seine Nase und muss fürchterlich laut niesen. So ein Bärenschnupfen ist nichts für schwache Nerven.

„Ich weiß", Toni nickt. „Da hat Mama nämlich gehackte Zwiebel reingesteckt. Meinen Schnupfen hat die Zwiebel schon oft vertrieben. Das schafft sie bestimmt auch bei Bären!"

Doch Bär ist nicht überzeugt und brummt vor sich hin. Fest verschlossen liegt das Zwiebelsäckchen auf dem Nachttisch und … duftet. Naja, duften ist vielleicht das falsche Wort. Es riecht nämlich wirklich seltsam. Wenn Bär die Augen schließt, glaubt er in der Küche zu sein. Eng an Bär gekuschelt hört Toni, wie Bärs Schniefen langsam leiser wird. Weil Bär aber noch immer brummig ist, beginnt Toni zu erzählen: „Weißt du, es gibt überall auf der Welt Schnupfenkinder, die verstopfte Nasen blöd finden. Und es gibt überall Familien, die Zaubermittel dagegen finden. Denk mal, wenn Bären- und Kindernasen schon leiden, wie schlimm muss Schnupfen dann für Elefanten sein?"

Bär überlegt. Seine kleine Stupsnase fühlt sich schrecklich an – aber ein verstopfter Riesenrüssel?

„Wie ist das bei den Elefanten?", will er wissen.

In der Savanne, wo die afrikanischen Elefanten mit ihren riesigen Ohren und langen Rüsseln leben, ist Elefantenschnupfen natürlich ein Problem. Denn ein verstopfter Rüssel macht das Elefantenleben schwer. Wasser trinken, spielen, Blätter pflücken – der Rüssel ist das wichtigste Werkzeug des kleinen Elefanten. Daher haben Elefanten-Tanten jahrelang an der besten Schnupfenmedizin gefeilt und ein wunderbares Rezept gefunden: Gemeinsam pflücken sie duftende Kräuter in der Savanne. Gut, wenn man dafür einen geschickten Rüssel hat! Später versammeln sie sich an einem Wasserloch. Sobald das Wasser von der Sonne gut aufgewärmt ist, kommen die duftenden Schnupfen-Kräuter hinzu. Dann setzen sich alle großen und kleinen Elefanten an den Rand der Pfütze und baden ihre dicken Elefantenfüße darin. Fußbäder sind bei der Herde sehr beliebt, um gemütlich den neuesten Klatsch und Tratsch aus der Savanne zu erzählen. Wie die vielen Elefanten rund um solche Wasserlöcher Platz für ihre Elefanten-Popos finden? Das bleibt ein gut gehütetes Elefanten-Geheimnis!

Was aber alle Menschen und Elefanten wissen: Warme Füße helfen dabei, den Schnupfen zu vertreiben. Alles beginnt zu fließen, wenn die Füße warm sind. Dann aber heißt es: „Rette sich, wer kann!" Denn sobald sich ein Elefant schnäuzt, hält man sich besser die Ohren zu.

Wir bringen uns in Sicherheit. Mal sehen, ob wir bei anderen Tieren noch mehr Ideen finden …

Aus einem Lieblingsbuch weiß Toni, dass es Nasenaffen gibt. Die Männchen haben dicke, birnenförmige Nasen und leben in den Mangrovenwäldern auf einer Insel namens Borneo. Mangrovenwälder bestehen aus tollen Kletterbäumen, die im Wasser wachsen. Hier leben, turnen, spielen und fressen die Nasenaffen. Wenn ein Nasenaffenkind Schnupfen hat, dann ist es ein Riesenglück, dass es so nahe am Meer lebt. Denn vor vielen Jahren haben die Nasenaffen-Mamas herausgefunden, dass die salzige Luft die Schnupfennasen wieder freipusten kann. Ist die Nasenaffenkinder-Nase verstopft, sorgen die Mamas und Omas zunächst dafür, dass die Kinder eine kleine Pause machen. Kein Affenkindergarten, keine Schule. Die Affenbabys werden getragen, denn kleine Äffchen wollen ihre Eltern ganz nah bei sich spüren, wenn sie krank sind. Die größeren Nasenaffenkinder verbringen den Schnupfentag gemeinsam eingekuschelt in einer gemütlichen Astgabel in den Bäumen am Strand. Jetzt heißt es tief durchatmen, abwarten und nichts tun. Der Schnupfen wird von der frischen Meeresbrise nämlich einfach weggepustet! „Die Nasenaffen haben es schön", sagt Bär, „die wohnen am sonnigen Strand! Ich glaube, ich brauche eine warme Decke, mir ist kalt." Toni zieht die Decke um sich und Bär herum fest, dann fällt Toni ein, dass es auch zum Aufwärmen eine Geschichte gibt.

Wohin uns diese Geschichte wohl führt?

Eine ganz besondere Möglichkeit, um Schnupfen und Erkältung loszuwerden, kennen die Elche. Weil Elchhufe keine große Hilfe sind, wenn ein verschnupfter Elch ein Taschentuch halten soll, und es im hohen Norden keine Taschentuchbäume gibt, ist Schnupfen ein schreckliches Übel für Elchnasen. Obwohl die Elche an frostige Temperaturen gewöhnt sind und ein dickes Fell haben, fanden sie heraus, dass es klug ist, sich bei Schnupfen besonders gut von innen aufzuwärmen. Dazu essen die verschnupften Elchkinder ihre Kräuter, Blätter und Rinden ausnahmsweise nicht, wie sonst bei Elchen üblich, roh und direkt von Wald und Wiese. Ganz im Gegenteil, für sie werden die wunderbarsten warmen Suppen und Tees gekocht. Um sie zuzubereiten, sammeln die großen Elche feine Baumrinde und Gemüse, die sie gemeinsam zu Suppe verkochen und mit frischen Wildkräutern würzen.

Abends trifft sich die Elchherde und schlürft genüsslich Tee und gute Suppe, um sich die Bäuche zu wärmen und die Elchnasen wieder frei zu machen.

Das klappt natürlich auch für Menschen- und Bärenkinder. Statt Baumrinde kommt buntes Gemüse in die Suppe – aber ansonsten ist die Idee der Elche wirklich toll!

„Hmmm ... warme Suppe klingt gut", seufzt Bär sehnsüchtig. „Weil nun auch mein Hals ein bisschen kratzt und ich gleich husten muss."
„Halskratzen und Husten sind wirklich blöd", sagt Toni. „Aber warme Suppe hilft und schmeckt oberspitzenmäßig. Und weißt du, was ich auch sehr gerne mag? Wenn Mama mir ein warmes Tuch auf die Brust legt und mich mit Öl massiert. Das vertreibt Husten so gut wie unsere Zwiebel hier im Säckchen den Schnupfen."
Da erschrickt Bär und schnappt empört nach Luft. „Was? Öl in mein Fell? Oh nein, das kann kein Bärenhausmittel sein. Das ist nur für Menschenkinder schön."
Toni schmunzelt. „Keine Sorge, Bär, wir werden darauf achten, dass dein schönes, weiches Fell glänzend und sauber bleibt, versprochen."
„Ich will aber trotzdem mehr darüber wissen", sagt Bär, „ich bin neugierig, welche Tiere Öl auf der Brust lieben."

Welche Tiere könnten das sein?

„Auf zu den Schweinen!", freut sich Toni. Denn egal ob Wildschweine oder Ferkel am Bauernhof, alle lieben Matsch und das gefällt Toni. Den warmen, cremigen Matsch nennt man Suhle. Überall auf ihrem Körper verteilen große und kleine Schweine Suhle. Eigentlich pflegen sie damit ihre Haut, aber es macht ihnen auch richtig Spaß, mit Erde, Sand und Wasser zu matschen und zu pantschen.

Wenn sie erkältet sind und die kleinen Schweinerüssel vom Schnupfen verstopft, wenn sie sogar noch husten, dann gibt es ausnahmsweise keinen Schlamm, sondern ölige Husten-Suhle auf ihre Brust. Dazu wird von Mama und Papa Schwein warmes Öl auf Brust und Rücken der Ferkel verteilt, richtig schön verrubbelt und einmassiert, das lieben die Ferkelchen. Danach werden sie von den Großen mit einem warmen, weichen Tuch eingepackt. Und so kommt's, dass bei den Schweinen an Hustentagen nicht gespielt und gematscht, sondern gekuschelt und unter einer gemütlichen Decke gefaulenzt wird.

„Das klingt richtig schön für Menschenkinder und Schweinchen", sagt Bär und muss herzhaft gähnen. „Aber wir Bären achten sehr auf unser Fell, deshalb rieche ich lieber weiter am Zwiebelsäckchen."

Es ist still geworden im Kinderzimmer.
Kein Schnarchen ist zu hören, das nach einem Bretter zersägenden Riesen klingt, und niemand spricht. Bär scheint eine freie Nase zu haben.
Ist er eingeschlafen?
Toni gähnt. So ein Bärenschnupfen ist anstrengend, für alle Beteiligten!
Da sagt Bär in die Stille des Zimmers hinein: „Es wäre doch toll, wenn es etwas geben würde, das Husten und Schnupfen gleichzeitig vertreibt. Eine Sache, die auch Tiere mit weichem Bärenfell machen können. Weißt du noch eine Tiergeschichte? Nur eine, bitte!"
Toni ist wieder hellwach und denkt an kalten Schnee auf hohen Bergen und an eine Geschichte ...

„Na gut, dann erzähle ich dir von den Alpenspitzmäusen", sagt Toni.
Diese Mäuschen wohnen in großen Familien in den Bergen unter Wurzelstöcken und Steinen. Ein Mäusekind kann schon mal neun Geschwister haben! Gemeinsam entdeckt so eine muntere Mäusekinderbande ihre Umgebung. Ganz bestimmt ist ihnen dabei mal kalt und ganz sicher haben auch Mäusekinder manchmal Schniefnasen – die sind zwar nicht so laut wie die Schnupfennasen von Brummbären, aber lästig sind sie allemal. Zum Glück helfen ihnen ihre feinen Nasen dabei, ihre Lieblings-Hausmittel-Zutat rasch zu finden: Zwiebelknollen für Zwiebelsocken.
Zwiebelsocken? Die Spitzmaus-Kinder dachten zuerst auch, ihre Mama macht nur Spaß. Aber sie haben die lustige Idee ausprobiert und gestaunt. Die Erkältung wurde tatsächlich leichter!
Das geht so: Zuerst werden den Spitzmauskindern warme Söckchen über ihre Füßchen gezogen. In die Socken, direkt an die Fußsohle, kommen warme Zwiebelscheiben – natürlich winzige, denn Spitzmauskinder-Füße sind klitze-klitze-klein. Was für ein Riesengewusel in der Höhle, bis endlich alle ihre Socken übergezogen und die Zwiebel an der richtigen Stelle verstaut haben. Danach braucht die ganze Familie eine Pause. Alle ruhen sich aus, kuscheln sich aneinander und wärmen sich in ihrer unterirdischen Wurzelhöhle.
„Das wäre doch auch was für dich, Bär", sagt Toni fröhlich.

„Oja, das klingt schön" murmelt Bär.
„Ich will auch kuscheln und ich wünsche mir, dass du mir ein Schlaflied singst oder noch eine Geschichte erzählst. Das liiiiebe ich!"
„Aber das tu ich doch schon die ganze Zeit. Jetzt will ich auch mal schlafen",
stellt Toni streng fest.
„Bitte, bitte, nur noch eine kleine Geschichte", brummt Bär mit müder Stimme.
„Na gut, ich erzähle dir eine allerletzte Geschichte, dann wird wirklich geschlafen. Weißt du, was Oma sagt? Beim Schlafen wird man ganz schnell wieder gesund, und es gibt Tiere, die machen das genauso. Die schlafen sich gesund."
„Wirklich? Welche Tiere machen das?"
Jetzt ist Bär neugierig geworden und will unbedingt mehr erfahren.
   Also beginnt Toni zu erzählen …

In den Regenwäldern Südamerikas leben Faultiere. Dort ist es feucht und warm. Daher haben sie sehr selten Erkältungen. Wenn aber ein Schnupfen die Nase des Faultierkinds verstopft, dann leidet es genauso wie Menschen-, Bären-, Mäuse-, Elefanten-, Affen-, Schweine- und Elchkinder.
Und dann ist da noch etwas: Bei Faultieren dauert alles schrecklich lange – auch das Kranksein. Will ein Faultierkind seinen Schnupfen rasch loswerden, um bald wieder im Faultierkindergarten abhängen zu können, muss es auf den Rat seiner Eltern hören. Und das fällt Faultieren genauso schwer wie allen anderen Kindern auch. Wird also einer aus der Faultier-Familie krank, erzählen Mama oder Papa oder Oma oder Opa von der alten Faultier-Weisheit:

Ist die Nase einmal zu,
hilft rein gar nichts dir im Nu.
Nimm dir Zeit und schlaf 'ne Runde,
gönn dir deine Ruhestunde.
Zieh dich zurück und ruh dich aus,
dann ist der Schnupfen nach ein paar Tagen
wieder aus.

„Faultiere sind ganz schön schlau", flüstert Bär zufrieden, als Toni zu Ende erzählt hat. Und er schmiedet auch gleich Pläne für den nächsten Tag: „Morgen will ich Suppe haben und Tee. Ich werde wie ein Faultier auf dem Sofa liegen, und du machst mir Zwiebelsocken wie bei den Mäusekindern, während ich den Dampf von Salzwasser einatme. Einverstanden?"
„Hmmm", murmelt Toni zustimmend, die Augen sind schon zugefallen. Jetzt, da Bär endlich aufgehört hat zu schniefen und das laute Bärenschnupfen-Schnarchen nicht mehr zu hören ist, kann Toni an Bär gekuschelt wohlig einschlafen.
„Träum was Schönes, mein lieber Bär. Schlaf dich gesund!"

nd der
hnupfen
durch die Welt
guten Hausmittel

Das Rezept der Elefanten:

Fußbad & Badesalz

1. Eine kleine Wanne in die Badewanne stellen, Füße in die Wanne stellen.
2. Ungefähr knöchelhoch mit warmem Wasser befüllen, das Badesalz unterrühren.
3. Über 10 Minuten immer wieder heißes Wasser zugießen, das Bad ansteigen lassen.

Wie die Elefanten könnt ihr gemütlich am Wannenrand sitzen und gemeinsam plaudern.

Das Plus für Menschenkinder: Badesalz für das Fußbad

1. Ein verschließbares Glas mit Speisesalz befüllen.
2. 2–3 Tropfen ätherisches Lavendel-Öl dazugeben.
3. Glas schließen und gut schütteln, um Öl und Salz zu vermengen.

Das Rezept der Elche:

Wärmen mit Tee & Suppe

1. Die ausgewählten bunten Lieblingsgemüse schälen und schneiden.
2. Anschließend in einem großen Topf mit 1–2 Litern Wasser weich kochen und nach Geschmack …

3. Suppe löffeln und den Körper von innen wärmen.

Die Elchkinder werden gefragt, was sie gerne hätten. Eine extra zubereitete Suppe macht sie besonders schnell wieder fit. Keine Lust auf Suppe? Tee wärmt auch von innen.

Das Rezept der Alpenspitzmäuse:

Zwiebelsocken

1. Zwiebel in circa ein Zentimeter dicke Scheiben schneiden und leicht erwärmen.
2. Socken überziehen und je eine Zwiebelscheibe in die Socke stecken.
3. Die Scheibe liegt an der Fußsohle und wird mit warmen Wollsocken zusätzlich eingepackt.

Kuscheln und weiter wärmen – so wie die Mäuse in ihrem Nest. Das erhöht die Durchblutung und damit die Wirksamkeit des Fußsohlenwickels.

Rezepte für Eltern und Kinder von Claudia Schauflinger

Illustrationen von Polli Pollender © G&G Verlag, Wien

Während die kleinen Ferkel ausruhen, wirkt das warme Öl ein und verflüssigt den festsitzenden Schleim.

Die Weisheit der Faultiere:

Ruhe & Schlaf

1. Um mit einem Infekt fertig zu werden, braucht unser Körper Ruhe.

2. Das ist die allerbeste Zeit zum Kuscheln und Faulenzen. Liebevolle Zuwendung setzt Botenstoffe frei, die das Immunsystem unterstützen.

3. Im Schlaf regenerieren wir, aber schlafen klappt nicht den ganzen Tag lang – Kinder sind ja keine Faultiere! Jedenfalls gilt: Anstrengung vermeiden.

... einfach mal für ein paar Tage ein Faultier sein.

Rezepte

Das Rezept der Nasenaffen:

Inhalation von Salzwasserdampf

1. Ungefähr 3 Liter Wasser mit einem Löffel Salz versetzen, in einem Kochtopf erwärmen.
2. Um den Dampf einzuatmen, reicht es schon, sich im Raum aufzuhalten.
3. Feuchtwarme Luft regt die Abwehrarbeit der Schleimhäute an. Der Schleim verflüssigt sich und kann abgeschnäuzt oder abgehustet werden.

Die Meeresbrise, die den Nasenaffen hilft, machen wir uns zu Hause selber!

Das Rezept der Schweine:

Ölwickel

1. Olivenöl auf einem Stück Baumwollstoff verteilen oder auf die Brust des Kindes streichen.
2. Das Tuch erwärmen, zum Beispiel auf einer Wärmflasche.
3. Auf die Brust des Kindes legen, mit einem engen Body oder Unterhemd fixieren und warm halten.